D1877448

समय से मुठभेड़

समय से मुठभेड़

अदम गोंडवी

वाणी प्रकाशन
प्रकाशन के उत्कृष्टतम 61 वर्ष

vaniprakashan.com

सजिल्द पहला संस्करण : 2010
सजिल्द दूसरा संस्करण : 2014
सजिल्द तीसरा संस्करण : 2016
सजिल्द चौथा संस्करण : 2018
सजिल्द पाँचवाँ संस्करण : 2024

वाणी प्रकाशन

4695, 21-ए, दरियागंज, नयी दिल्ली-110 002

फ़ोन : + 91 11 23273167, 23275710

शाखाएँ

अशोक राजपथ, पटना-800 004, बिहार

कॉफ़ी हाउस कैम्पस, महात्मा गांधी मार्ग, प्रयागराज-211 001, उत्तर प्रदेश

महात्मा गांधी अन्तरराष्ट्रीय हिन्दी विश्वविद्यालय, वर्धा-442 001, महाराष्ट्र

sales@vaniprakashan.in
vaniprakashan@gmail.com

Samay Se Muthbher
by Adam Gondavi

ISBN : 978-93-5000-153-0

Collection of Ghazals

© अदम गोंडवी

मूल्य : ₹ 295

इस पुस्तक के किसी भी अंश को किसी भी माध्यम में उपयोग
करने के लिए प्रकाशक से लिखित अनुमति लेना अनिवार्य है।

जी.एस. ऑफ़सेट, दिल्ली-110 095 में मुद्रित

वाणी प्रकाशन का लोगो मक़बूल फ़िदा हुसेन की कूची से

यह पुस्तक अपने उन स्नेहिल बंधुओं को समर्पित है जिन्होंने एक-एक पंक्ति को सुना और सराहा है। ये कविताएँ मेरे जीवन का आईना हैं। मेरे मित्र राजेन्द्र यादव ने 'हंस' के संपादकीय में लिखा था कि 'वर्दी वाला गुंडा' की पाँच हजार प्रतियाँ छपी थीं। मेरा निवेदन है कि मेरे पाठक वह रिकार्ड न तोड़ें, लेकिन कुछ सम्मान जरूर करें और खरीद कर पढ़ें। हमारे आदरणीयों की संख्या गिनती में पुस्तक की आकांक्षाओं से बहुत अधिक है।

प्रस्तुत कृति के प्रकाशन के प्रेरणा स्रोत श्री जगदीश पीयूष के प्रति मैं हृदय से आभार व्यक्त करता हूँ जिन्होंने इसे प्रकाशित कराने का अनुरोध किया और मेरी अनुमति लेने के लिए मेरे आवास तक आये। पुस्तक प्रकाशन के लिए वाणी प्रकाशन, नयी दिल्ली के प्रति हार्दिक कृतज्ञता ज्ञापित करता हूँ।

अदम गोंडवी

भूमिका

अदम को पहली बार जनवादी लेखक संघ के कानपुर वाले राज्य सम्मेलन में सुना था। वहाँ श्रोताओं से कई गुना ज्यादा कवियों की भीड़ थी। मंच पर सैकड़ों कवि अपनी कविता के साथ उपस्थित थे। उन्हीं के बीच घुटनों तक मटमैली धोती, सिंकुड़ा मटमैला कुरता और गले में सफेद गमछा डाले एक ठेठ देहाती आदमी भी था, जिसकी ओर हमारा ध्यान इसलिए नहीं जा पा रहा था कि कवियों के अहं और आक्रामक तेवर से उस भीड़ में फँसा हुआ-सा लगता था, पर आतंकित और घबराया हुआ बिलकुल नहीं था। भीतर ही भीतर वह उनके आवेश और उतावलेपन पर हँस रहा था, किन्तु ऊपर से शालीन और अनजान बना हुआ था। यह वही आदमी था जो मंच पर नाम पुकारे जाने पर अदम गोंडवी के रूप में माइक पर आ खड़ा हुआ, और अपने कलाम से, सब गर्वीले चेहरों को निस्तेज और हतप्रभ कर फिर उसी भीड़ में अबोध बच्चे की सी मुद्रा के साथ वापस जा बैठा कविता पढ़ने के बाद फिर तो वही-वही दिखा। शलभ (श्रीराम सिंह) और मैं देर रात उसे बधाई और शाबाशी देने उसके कमरे में गये। तनावग्रस्त और थके हुए लोगों के बीच वह ताज़ा तो नहीं दिख रहा था, पर तनाव और थकान की मुद्रा उसकी थी नहीं। दिन भर अपने खेत में जी तोड़ मेहनत करके लौटे हुए किसान की तरह उसके चेहरे पर काम के बाद की सरलता और सहजता थी। अदम से पहली मुलाकात यही थी।

दुबारा भेंट विदिशा में हुई। वे 'गंगा प्रसाद पाठक ललित कला न्यास' के कविता-समारोह में आमन्त्रित थे। जहीर कुरेशी, विनोद तिवारी

और अदम गोंडवी कुछ और साथी कवि भी। पर श्रोताओं को सिर्फ अदम याद रहे। अन्य कवियों के यथार्थ में एक शालीन व्यंग्य और परम्परागत रोमानीपन था। अदम का व्यंग्य ठेठ देहाती ढंग का, आक्रामकता से भरपूर कविता की भलमनसाहत को नमस्कार करके आया हुआ था। उसे अपने जमाने के अकादमिक यथार्थवादियों को कला आलोचकों को और शास्त्रविधियों और निर्देशों की बिलकुल भी परवाह न थी। उसे अगर कोई चिन्ता थी तो यही कि तीर ठीक निशाने पर पहुँचे। और जब श्रोताओं की उल्लासपूर्ण शाबाशी दाद के रूप में मिलती, कामरेड आदम का मुट्ठी बँधा लाल सलाम जवाब में बार-बार उठता जाता। अदम का नाम जितना छोटा 'दर्शन' सचमुच उतना ही बड़ा लगने लगता। कुरता-धोती-गमछा भी क्या किसी आधुनिक जनवादी कवि का, सिवाय नागार्जुन के अपने समूचे रूखे मटमैलेपन के साथ कभी बाना हो पाया। अदम की धोती, नागार्जुन का पायजामा जरूर अलग-अलग है, पर दोनों की जात एक है। निपट गँवई अन्दाज में महानगरीय चकाचौंध और चमकीली 'कविताई' को हैरान कर देनेवाली अदा। यह ताकत धूमिल में थी। वे अपने शहराती-लेखकों को अपने देहाती ढब से विस्मय में डाल देते थे। बड़ी-बड़ी मूँछें, गठा हुआ बदन और कविता हीन चेहरा धूमिल को सबसे अलग ले जाता था, ठीक ओम पुरी या नसीरुद्दीन शाह की तरह। अदम भीतर से नसीरुद्दीन शाह की तरह सचेत और गम्भीर हैं। धूमिल की तरह आक्रामक और ओम पुरी की तरह प्रतिबद्ध। यह कुछ अजीब-सी लगने वाली तुलना है, पर इस फलक से अदम का वह चेहरा साफ-साफ दिख सकता है, जो यूँ देखने पर समझ में नहीं आता। मामूली, अनपढ़, मटमैलापन भी इतना असाधारण, बारीक और गहरा हो सकता है, इसे सिर्फ अदम को सुन और पढ़कर समझा जा सकता है।

आजकल के बातूनी और बहसप्रिय कवियों और लेखकों की तुलना में अदम न के बराबर बोलते हैं और बहुत जरूरी होने पर अपनी अभिव्यक्ति दोस्तों के खिलाफ फब्तियों और चुटकियों से करते हैं। आधुनिकतावादी लेखकों और बुद्धिजीवियों की नफासत और रंगीनी के बारे में ही नहीं, युवागंतुक लेखकों के छिपे हुए अभिजात और सामंती चेहरे पर भी उनकी नजर रहती है। ट्रेन में सफर करने वाले प्राध्यापक लेखकों की दूसरे डिब्बे

की भीड़ और मच्छर काटने की शिकायत का मजा लेते हुए अदम जिस गहरी नींद में सोते हैं, वह सच्चे मार्क्सवादी के सिद्धान्तवाद से बहुत दूर कहीं संघर्षशील जनवाद की अंतररेखा खींचता लगता है। किताबी मार्क्सवाद सिर्फ उन्हें आकृष्ट कर सकता है, जिनकी रुचि ज्ञान बटोरने और नया दिखने तक है। पर जो सचमुच बदलाव चाहते हैं और मौजूदा व्यवस्था में बुरी तरह तंग और परेशान हैं, वे अपने आस-पास के सामाजिक पाखण्ड, राजनीतिक भ्रष्टाचार और आर्थिक शोषण के खिलाफ लड़ना जरूर चाहेंगे। वे सचमुच के सर्वहारा हैं। जिनके पास खोने को न ऊँची डिग्रियाँ और ओहदे हैं, न प्रतिष्ठित चमकीली जीवन शैली। अदम इन्हीं धाराओं के शायर हैं। यद्यपि यह जमात अभी पूरी तरह सुसंगठित सर्वथा सचेत और प्रशिक्षित नहीं हो सकी है फिर भी बदलाव लाने के योग्य है। इसी की यातना और पीड़ा से विद्रोह का वह ज्वार पैदा हो सकता है, जिसे रोक पाना चतुर और आत्मग्रस्त सफेदपोशों के लिए मुश्किल ही नहीं असम्भव भी होगा। मध्यम वर्ग के ये खाते-पीते और शौकिया मार्क्सवाद करते लोग अदम गोंडवी के न तो श्रोता हो सकते हैं, न उनके क्रान्ति विधायक ही। इसीलिए अदम बहुतेरे ऐसों के बीच बार-बार अपनी पहचान साफ करते दिखते हैं।

कभी जनान्दोलनों ने महत्त्वपूर्ण कवियों और कविताओं को पैदा किया था। आज यह जिम्मेदारी कविता की है कि वह जुझारू जनान्दोलनों के पैदा होने का वातावरण निर्माण करे। दुष्यन्त की कविता ठीक आपात्काल के आस-पास ग़ज़ल में ढलकर लोगों के कसकते और मौन चीत्कार करते हुए होठों पर लोकगुहार की पुकार बन गयी थी। अदम गोंडवी की शायरी में आज जनता की गुर्राहट और आक्रामक मुद्रा का सौन्दर्य मिसरे-मिसरे में मौजूद है—

जी में आता है आईन को जला डालूँ
भूख से जब मेरी बच्ची उदास होती है

जनता के पास एक ही चारा है बगावत
ये बात कह रहा हूँ होशो हवास में

मज़ाज ने कभी चाँद-तारों को नोचने की बात कही थी, पर तब गाँधी

का फलसफ़ा एकदम अशक्त प्रमाणित नहीं हुआ था। झण्डे और बैनर की तरह इस्तेमाल होने की उसकी अदा में काफी रंगीन उम्मीदें थीं। पर अब यह तीसरे विश्व-युद्ध के धधकते संसार में अपनी बेचारगी पर ख़ुद-ब-ख़ुद लज्जित है। गाँधी ने आग से पानी का काम लिया था। अब तो पानी भी आग में तब्दील हो चुका है। सबकुछ बर्दाश्त कर जानेवाला प्रेमचंद का किसान अदम में नयी आग की लपट बनकर उतर आया है—

नीलोफर शबनम नहीं अंगार की बातें करो
वक्त के बदले हुए मेआर की बातें करो

भाप बन सकती नहीं, पानी अगर हो नीम गर्म
क्रान्ति लाने के लिए हथियार की बातें करो।

अदम गाँधीवादी की असलियत तक जाकर कह सके हैं—

लगी है होड़-सी देखो अमीरों और गरीबों में
ये गाँधीवाद के ढाँचे की बुनियादी ख़राबी है
तुम्हारी मेज चाँदी की तुम्हारे जाम सोने के
यहाँ जुम्मन के घर में आज भी फूटी रकाबी है

सिर्फ अमीरी और गरीबी का भेद नहीं, सिर्फ अर्द्ध सामन्ती, अर्द्ध पूँजीवादी सरकार का असली चरित्र नहीं, धार्मिक कट्टरता और सम्प्रदायवाद, उपभोक्तावाद, भाषावाद, प्रान्तवाद, महानगर और नगरवाद रूढ़ि और अंधविश्वास, चुनाव तन्त्र की विकृतियाँ, पूँजीपतियों के बढ़ते हुए दबाव, खेतों की कीमत पर विकसित किया जाने वाला उद्योगवाद, व्यापारवाद, सरकारी शोषण, रिश्वत, राजनीतिक भ्रष्टाचार और राष्ट्रवादी राजनीतिक चेहरों को उजागर करती अदम की शायरी अपनी प्रत्येक ग़ज़ल में शोषित, उत्पीड़ित भारतीय जनता के दुख-दर्द का बयान करती है। वह हमें न तो 'वाह' करने के अवसर देती है, न 'आह' भरने की मजबूरी ही परोसती है। बजाय आह और वाह के वह अपने पाठकों में प्रतिघात करने, उत्प्रेरणा और समझदार गुस्सा पैदा करती है। खासतौर से भूख, साम्प्रदायिकता, गाँव के हीरो और गोबर का नित नया शोषण, और किसान जीवन की आजादी के बाद की मुश्किलें और चिन्ताएँ अदम के शायर

की बुनियाद तक को झकझोरती हैं। उनका काव्य-संसार व्यवस्था-प्रायोजित ऐसी मुसीबतों से घिर गया है, जहाँ व्यवस्था से भिड़ने के अलावा और कोई राह बची नहीं है। अदम को पढ़ते हुए जो इस बिन्दु तक नहीं पहुँचते, वस्तुतः वे अदम की शायरी से कोसों दूर ही रह जाते हैं। अदम ने अपनी ग़ज़लों में ऐसे पाठकों को इतिहास समझाने की पूरी कोशिश की है–

किसको उम्मीद थी जब रोशनी जवाँ होगी
कल के बदनाम अँधेरों पे मेहरबाँ होगी

खिले हैं फूल कटी छातियों की धरती पर
फिर मेरे गीत में मासूमियत कहाँ होगी

आप आयें तो कभी गाँव की चौपालों में
मैं रहूँ या न रहूँ भूख मेजबाँ होगी

आजादी, आजादी के पहले के झगड़े, दंगे-फसाद और खून-खराबियाँ, फिर यह चालीस साल जवान जनतन्त्र और गाँव की भूखी चौपालों, उन्हीं बदनाम अँधेरों का पुनः बढ़ता काफिला अदम के पाठकों को इस निष्कर्ष तक अपने आप पहुँचाता है–

जनता के पास एक ही चारा है बग़ावत
ये बात कह रहा हूँ मैं होशो-हवास में

आजादी का ये जश्न मनाएँ वे किस तरह
जो आ गये फुटपाथ पर घर की तलाश

ग़ज़ल की भावुक और कोमल विरासत की हकीकतों को कठोर और निष्ठुर धरती पर उतारने का काम तो बहुत पहले से शुरू हो चुका था, पर हकीकतों का इतना ब्यौरेवार, सन्दर्भ-सघन बयान पहले के किसी भी शायर में उपलब्ध नहीं है। राजनीतिक ग़ज़लों के मास्टर शायर नैज़ में भी नहीं, जिनमें हद दर्जे की रोमानियत और परम्परावादिता है। अदम की यही खूबी भी है और सीमा भी कि वे रवायती ग़ज़लगोई से कोसों दूर हैं और 'कथन' से कहीं अधिक 'कथ्य' की प्रामाणिकता और स्वाभाविकता के प्रति कहीं ज्यादा सावधानी बरत रहे हैं। शहरी शायरों

के शालीन और सुसंस्कृत लहजे में बोलने के बजाय वे ठेठ गँवई दोटूकपन और बेतकल्लुफी से काम लेते हैं। उनके कथन में प्रत्यक्षता है और आक्रामकता और तड़प से भरी हुई व्यंग्यमयता है—

चीनी नहीं है घर में लो मेहमान आ गये
महँगाई की भट्ठी पे, शराफत उबाल दो

वस्तुतः ये ग़ज़लें अपने ज़माने के लोगों से 'ठोस धरती की सतह पर लौट' आने का आग्रह कर रही हैं। प्रश्न यह कि क्या हिन्दी-उर्दू की जनवादी प्रगतिशील कविता क्या अभी तक आसमानी यथार्थ की बातें कर रही थीं? क्या हिन्दी-उर्दू की प्रतिबद्ध कवि बिरादरी अदम के इस कथन को एक जकरन हूँचा मारने वाला कथन नहीं समझेगी? क्या बकौल अदम के गाँधीवाद के अलावा हिन्दुस्तानी जनता को खुशहाली के लिए सिर्फ नक्सलवाद का फ़लसफ़ा एकमात्र रास्ता बचा हुआ है—

ये नयी पीढ़ी पे मबनी है वही जज्मेंट दे।
फ़लसफ़ा गाँधी का मौजूँ है के नक्सलवाद है ॥

ऐसा लगता है अदम एक शायर की भावुकता से पूरी तरह मुक्त नहीं हैं नागार्जुन की तरह। हिन्दी शायरों और कवियों को अभी नक्सलवाद मोहित करता है। इससे कवियों की वैचारिक ढुलमुलपन और ऐतिहासिक समझ का गड़बड़झाला भी सामने आता है। अदम ने इसी तरह एक ग़ज़ल में आर्यों को लुटेरा और द्रविड़ों को यहाँ का मूल-मूल निवासी कहा है। ये बातें उनकी शायरी को एक नयी-पुरानी बहसों की ओर ले जाती हैं और ये बहसें काफी मौजूँ भी हैं। पर इतिहास और पुराण के साथ-साथ आधुनिक लेखन के चिरपरिचित और ठोस सन्दर्भों का सटीक और सार्थक इस्तेमाल कर अदम ने हिन्दी शायरी को अधिक विचार समृद्ध और संवाद धर्मी बनाने की जो पहल की है, उसे उनका योगदान कहना होगा। शमशेर, दुष्यन्त और शलभ श्रीराम सिंह इस तरह की मिली-जुली सन्दर्भमयता को बहुत कम या न के बराबर ही प्रयुक्त कर पाये हैं। निश्चय ही यह विशिष्टता इक़बाल और फ़िराक़ में बखूबी है। अदम ने इस परम्परा को अधिक मुखर और जनप्रिय रूप देने की कोशिश करके कविता को शायरी

की परम्परागत महफिलों से बाहर ले आने का जोख़िम उठाया है, जहाँ मुहावरे बिकाऊ हो सकते हैं। जन-संवादी कविता के कामकाज के ख़तरे पहले भी थे और आज नहीं हैं, ऐसा भी नहीं कहा जा सकता। पर गद्य में प्रेमचंद और कविता में नागार्जुन ऐसे मॉडल हैं जो सरलता की हद तक जाकर भी व्यावसायिकता और उधेड़पन से साफ-साफ बच निकले हैं। हमें उम्मीद करनी चाहिए कि अदम भी आस-पास के इस दल-दल और कीचड़ से हमेशा बा-खबर रहेंगे। तभी उनकी कविता लोगों में स्वाभिमान, भरोसा, आत्मविश्वास, भाईचारा, प्रतिरोध और क्रान्तिभाव पैदा कर पायेगी। सब जानते हैं आजकल विद्रोह और गहन गुस्से से फूटा व्यंग्य भी सांस्कृतिक बाजारों और उपभोक्ता समाज में कितनी महँगी और ऊँची दरों पर बिक रहा है। अदम और उनकी शायरी इस बिकाऊपन से हमेशा सावधान रहेगी और जनता को बगावत का धर्म ही नहीं, उसका तरीका भी समझाने की कोशिश करेगी। प्रतिबद्ध जनवादी कविता का असली मकसद तभी सचमुच पूरा होगा।

ग़ज़लों की इस किताब में अदम की वह प्रसिद्ध नज़्म 'चमारों की गली' और कुछ क़तआत भी आख़िर में संकलित किए गये हैं। 'चमारों की गली' कविता वस्तुतः एक विद्रूप बैलेड है, जिसमें वीभत्स बहादुरी और सामंती नंगई का पर्दाफाश किया गया है। जाति के ठाकुर होने के बाद भी अदम ने अपने गाँव-जवार के लोगों से जो दुश्मनी इसके चलते मोल ली है, वही उन्हें उस त्रस्त और नीति पसन्द आबादी का जुझारू कबीर भी बनाती है। अदम किताबी और सुरक्षित कविता न लिख कर एक ऐसी कविता लिख रहे हैं, जिस पर शासन का ही नहीं, कठमुल्ले किन्तु शोषक सामन्ती समाज का डंडा भी बरस सकता है।

भूख के अहसास को शेरों सुखन तक ले चलो
या अदब को मुफलिसों की अंजुमन तक ले चलो

जो ग़ज़ल माशूक के जल्वों से वाकिफ हो गई
उसको अब बेवा के माथे की शिकन तक ले चलो।

ग़ज़ल के इस 'अदब' को 'मुफलिसों की अंजुमन' और 'बेवा के माथे की शिकन' तक ले चलने की आवाज़ लगाने वाले शायर का नाम है अदम गोंडवी।

उसका हर मिसरा चिल्ला चिल्ला कर कह रहा है 'अदीबो ठोस धरती की सतह पर लौट भी आओ/मुलम्मे के सिवा क्या है, फलक के चाँद तारों में।'

इन ग़ज़लों में मुफलिसी के अंजुमन और बेवा के माथे की शिकन ही नहीं, आजादी के बाद की वे सारी तल्ख़ सच्चाइयाँ और नंगी हकीकतें हैं जिनसे स्वाधीनता आंदोलन की आत्मा काँप-काँप जाती है। शायर ने अपने इन शेरों में इस 'आत्मा' की समूची वेदना को चीख और आक्रामकता में रूपान्तरित कर विशाल हिन्दुस्तानी अवाम से जो संवाद स्थापित किया है वह एकदम नंगे अल्फ़ाज़ और ठेठ अन्दाज़ में है। शायरी की भाषा यहाँ तेजाब की मानिन्द हो उठी और ग़ज़लें विक्षुब्ध ज्वालामुखियों की तरह लपटें उगल और गर्म लावे फेंक रही हैं। आजादी के साठ सालों को धोखे से भरा इन्तज़ार यहाँ आक्रामक गुस्से से फट पड़ा है।

दुष्यन्त ने अपनी ग़ज़लों से शायरी की जिस नई 'राजनीति' की शुरुआत की थी, अदम ने उसे उस मुकाम तक पहुँचाने की कोशिश की है जहाँ से एक-एक चीज़ बगैर किसी धुँधलके के पहचानी जा सके। इस 'राजनीति' का एक और मकसद राष्ट्रीय आन्दोलन के घायल और लहूलुहान कर डाले गये उन मूल्यों की याद को कायम रखने और बचाने का भी जिनके बचने पर ही यह देश और इसकी आजादियाँ बच सकेंगी।

यह शायरी, एक अर्थ में, सचमुच शायरी कम है सीधी बात कहीं अधिक। इस रूप में यह एक ऐसी आपदधर्मी कला है, जो आग की लपटों के बीच धू-धू जलती बस्तियों को बचाने के लिए आगे आती है।

अदम जैसे शायरों की इस 'राजनीति' में वह 'समय' भी शामिल है जिसे हम परम्परा-समय कहते हैं। वह इतिहास-समय भी जो निरन्तर अघटनीय घटना की तरह घट रहा है। वे सारे खलनायक जो नायकों का मुखौटा पहने हमें नेस्तनाबूत करने पर आमादा हैं। अदम की शायरी इनकी शिनाख़्त करती है। उस कथित राजनीति की भी जिसका एक मात्र मकसद चुनाव क़ी पेटियों से होकर सत्ता में बने रहना है। अदम अपने श्रोताओं और पाठकों को बाहोश कर उन्हें बग़ावत के उस बिन्दु तक ले जाते हैं जहाँ से वे अपनी आजादी दुबारा हासिल कर सकें।

शायर के कहने का जो अन्दाज़ है, वह भी इकहरा नहीं है। भाषा की विविध भंगिमाओं और अर्थों की अनेक वक्र-सरल ध्वनियों की परतदार

परतों को लिये हुए यह शायरी हमें जगह-जगह से आवाज़ लगाती है। हमारे सुन्न से हो उठे कानों को अगली कार्रवाइयों के लिए तैयार करती है।

भारत की वह आबादी जिसने 1857 से 1947 तक तरह-तरह की कुर्बानियाँ दी थीं उसे फिर से एकजुट होकर अपनी खोई हुई धरती को पा लेने का संदेश देती है। लोकतंत्र के अपराधियों की शिनाख्त उनके काले कारनामों की फेहरिस्त तो यहाँ बयान की ही गयी है, लोक की सहिष्णुता धैर्य और इन्तज़ार की हदों का जायज़ा भी लिया गया है। एक तरफ बेहया-सियासत का घिनौना चेहरा यहाँ पूरी प्रामाणिकता के साथ दर्ज़ है तो दूसरी तरफ वह दर्द और घुटन जिसने विशाल भारतीय आबादी को पायमाल कर रखा है। अदम की शायरी अदम की इस 'लाचारी' को उसकी आक्रामक पहल में बदल डालने के मंसूबों से भरी हुई है—

जामो-मीना की खनक से थी ये वाबस्ता जरूर
देखिए अब जिन्दगी की तर्जुमानी है ग़ज़ल।

अदम की शायरी जिन्दगी की इन्हीं नई करवटों की तर्जुमानी है।

दिल लिए शीशे को देखो संग से टकरा गई
वर्गे-गुल की शक्ल में शमशीर है मेरी ग़ज़ल।

अदम की शायरी में हमारा सामना बार-बार उस राजनीति से होता है जिसे हम चाहें तो लेखन की राजनीति कह सकते हैं। यह राजनीति हमें खड़ी बोली के भारतेन्दु में भी मिलती है, मैथिलीशरण गुप्त में भी। छायावादियों में भी यह कुछ कम नहीं है। प्रसाद के नाटक और निराला के बादल-राग और जागो फिर एक बार जैसी कविताएँ अपनी गवाही खुद देती हैं। माखन लाल चतुर्वेदी और उस धारा के कई अन्य जाने-माने कवियों में तो वह जरूरत से कुछ ज़्यादा ही प्रगल्भ होकर आई है।

उर्दू शायरी में यह नहीं है ऐसा कह कर सच्चाई को झुठलाना ही कहा जाएगा। डॉ. इकबाल, फ़ैज़, मजाज़ आदि की शायरी में यह भरपूर है।

साहित्य में अगर राजनीति का मतलब गहरी मानवीय सोच और ऊँचे जीवन-आदर्श से लगाया जाय तो वह रामायण-महाभारत से लेकर 'संतन को कहा सीकरी सो काम' जैसी कालजयी पंक्तियों में मौजूद है।

अपने समय के जीवन-यथार्थ का सामना करने वाली प्रत्येक कविता इस 'राजनीति' प्रेरक-स्रोत के रूप में काम कर रही है। 'साये में धूप' की पहली ग़ज़ल का पहला शेर 'कहाँ तो तय था चिरागाँ हरेक घर के लिए' एक राजनीतिक ज्ञान ही है जिसने पूरे देश को उन भूली हुई प्रतिज्ञाओं की याद दिला दी जिसे सत्ता राजनीति करने वालों ने लगभग धो-पोंछ डाला था। दुष्यन्त की शायरी की असली जान यही राजनीति है।

आज ऐसे कवियों/शायरों और लेखकों का भी एक छोटा-सा समूह है जो चिड़ियाँ, फूल और पत्ती पर लिखने का आग्रह करता हुआ दूसरे प्रकार की राजनीति कर रहा है। याद तो वह भी कुछ जीवन-मूल्यों की ही करना चाहता है किन्तु उसकी असमय की यह आवाज अपनी विद्रूपता का प्रमाण खुद देती चलती है। उसके कहने में अनुभवों के ताप और शब्दों की ऐसी बेचैनी और तड़प कहाँ जो आजादी के बाद बहुसंख्यक आबादी का प्रतिबिम्बन करने वाली दुष्यन्त आदि की शायरी में दिखती है? क्या यह एक चमत्कार नहीं है कि आलोचकों की बैसाखियों पर निर्भर रहने वाली कविता तो अपने पाठकों तक पहुँच नहीं पाती और आलोचकों की बेरुख़ी के बावजूद 'साये में धूप' की ग़ज़लें लोगों की जुबान पर हैं।

अदम जैसे शायर भी इसी राह पर हैं। वे भी दुष्यन्त की तरह अपनी शायरी के साथ सीधे लोक जनता के अदालत में जा खड़े हैं। इस रूप में वह एक ऐसा प्रत्यक्ष संवाद कर रहे हैं जिसमें किसी साहित्यिक पण्डे या पुजारी की कोई जरूरत नहीं। चूँकि उनका यह संवाद जीवन के जाने-पहचाने मूल्यों को लेकर है इसलिए वे उसी समाज से कर रहे हैं जो इनका विधाता और संरक्षक है। इस रूप में उनकी शायरी संबोधन भी है संलाप भी। उसमें एक ऐसी सामूहिकता है जो पैदा हो पाती है जब शायर जी जान से रोम-रोम से उस समाज और देश को प्यार करता हो। जिससे उसका जीवन और मरण का रिश्ता हो। सम्भवतः यही कारण है कि अदम की शायरी में यहाँ से वहाँ तक अभय ही अभय व्याप्त है। भय की कोई एक रेखा तक नहीं। ऐसा तभी हो पाता है जब शायर या कवि की चेतना उस सामूहिकता का प्रतिबिम्बन करती हो जिससे देश या लोक समाज की पहचान होती है। अदम की आवाज़ में इसी लोक का सालों-साल का जमा क्षोभ और गुस्सा आक्रामक तेवरों के साथ फूट पड़ा है। 'तुम्हारे हाथ में

कॉलर हो आस्तीन नहीं' और 'एक पत्थर तो तबीयत से उछालो यारो' तो दुष्यन्त ही कह गये थे फिर अदम आगे क्या कहते हैं?

अदम हिन्दी के शायर हैं अथवा उर्दू के, उनकी शायरी मीर व ग़ालिब की परम्परा में आती है या फिर किसी और विरासत का हिस्सा है। इस पर विचार करते हैं तो बीसवीं सदी के उर्दू शायर 'रघुपति सहाय 'फ़िराक़' का यह कथन बरबस सामने आ जाता है "अठारह-बीस करोड़ भारतीय ऐसे हैं जिनकी भाषा और जिनके बौद्धिक विकास का एकमात्र साधन वह भाषा है जिसे हम कभी हिन्दी, कभी उर्दू और कभी हिन्दुस्तानी कहते हैं।" यही फ़िराक़ यह भी कहते हैं—अनपढ़ हिन्दी बोलने वाले भी दो-तीन हज़ार अरबी-फारसी शब्द जानते और बोलते हैं। अकेले अदम नहीं उनसे थोड़ा पहले के दुष्यन्त कुमार और शलभ श्रीराम सिंह भी जिस हिन्दुस्तानी के पास आकर अपनी ग़ज़लें कहते हैं वह यही विरासत है। बोल-चाल की वह मिली-जुली जुबान जिसे हिन्दू और मुसलमान सदियों से एक साथ रहते हुए बोलते चले आ रहे हैं। 'फ़िराक़' साहब का यह कहना बिल्कुल सही है उर्दू और हिन्दी में लगभग पचास हजार हिन्दी शब्द समान हैं। तमाम मुहावरे भी समान हैं। दोनों का व्याकरण एक है, पदक्रम और वाक्य विन्यास एक है। हिन्दी का अगर कोई व्यक्ति भविष्य में पहचाना जाएगा तो यही होगा। प्रेमचन्द से लेकर 'कितने पाकिस्तान' वाले कमलेश्वर तक जो जुबान दोनों समाजों को एक करने के सामर्थ्य से भरूपर है, वही तो अदम गोंडवी की इन ग़ज़लों की अपनी ज़ुबान भी है।

अदम, दरअसल हमें उस परम्परा की याद दिलाते हैं जिसमें एक तरफ नज़ीर अकबरावादी तो दूसरी तरफ मजाज़ लखनवी और बिस्मिल जैसे शायर आते हैं। नज़ीर की नज़्मों में आने वाले लोगों के लिए अटूट प्यार भरा पड़ा है। अदम की चेतना में यह प्यार न होता तो शायद वे कभी भी इस तरफ नहीं आते। पर उनकी शायरी इस प्यार के लिए कीमतें चुकाने को भी तैयार है और यहीं वह 'बिस्मिल' और मजाज़ के पास आ खड़ी होती है।

'साहब! ये लड़का बहुत अच्छा लगता है। उर्दू नहीं जानते हुए भी उर्दू शब्दों का इस्तेमाल बहुत समझदारी के साथ करता है। हमने भी शराब-कबाब के काफिये बहुत बाँधे लेकिन इसके शेरों के सामने मुझे अपने शेर फीके मालूम पड़ते हैं। उर्दू वाले अभी बहुत पीछे हैं।'

—कैफ़ भोपाली

5 जुलाई 1988 को विदिशा मध्यप्रदेश की एक गोष्ठी में।

फटे कपड़ों में तन ढाँके गुजरता हो जहाँ कोई
समझ लेना वो पगडण्डी 'अदम' के गाँव जाती है।

'फटे कपड़े' और 'पगडण्डी' से अदम खुद का परिचय परोसते हैं और साथी कवियों और शायरों को सम्बोधित करते हैं।

ग़ज़ल को ले चलो अब गाँव के दिलकश नज़ारों में
मुसलसल फन का दम घुटता है इन अदबी इदारों में

अदीबो, ठोस धरती की सतह पर लौट भी आओ,
मुलम्मे के सिवा क्या है फ़लक के चाँद-तारों में

अदीबो से कह चुकने के बाद वे ग़ज़ल की परम्परा के बदलाव का प्रस्ताव भी पेश करते हैं–

भूख के अहसास को शेरो-सुख़न तक ले चलो
या अदब को मुफ़लिसों की अंजुमन तक ले चलो
जो ग़ज़ल माशूक के जल्वों से वाक़िफ़ हो गई
उसको अब बेवा के माथे की शिकन तक ले चलो

अदम की ये उक्तियाँ उनकी पहली कविता पुस्तक 'धरती की सतह पर' की शुरुआती ग़ज़लों से उद्धृत हैं। जिनके मार्फ़त हमें इस शायर के निदेशक व्यक्तित्व का अंदाजा लगता है जैसे कोई अपने जमाने को साहित्यिक निर्देश दे रहा है। आत्मविश्वास की दृढ़ता, अभिव्यक्ति की अनौपचारिकताएँ और घरेलूपन जिसमें बरबूरी हो और जो बिना किसी लाग लपेट और भय के अपनी साफगोई में बेजोड़ और खूबसूरत हो। राजनेताओं का जो चेहरा अदम की ग़ज़लों में है उसका मुआयना आप भी करें तो अदम की सफाई और निडरता कुछ-कुछ पकड़ में आ सकेगी–

काजू भुने प्लेट में ह्विस्की गिलास में
उतरा है रामराज विधायक निवास में

–**विजय बहादुर सिंह**

अनुक्रम

1

तनहाई के मरुथल में

विकट बाढ़ की करुण कहानी,
नदियों का संन्यास लिखा है ॥
बूढ़े बरगद के वल्कल पर,
सदियों का इतिहास लिखा है ॥
क्रूर नियति ने इसकी किस्मत से,
कैसा खिलवाड़ किया है ॥
मन के पृष्ठों पर शाकुन्तल,
अधरों पर सन्त्रास लिखा है ॥
छाया मदिर महकती रहती,
गोया तुलसी की चौपाई ॥
लेकिन स्वप्निल स्मृतियों में,
सीता का वनवास लिखा है ॥
लू के गर्म झकोरों से जब,
पछुवा तन को झुलसा जाती ॥
इसने मेरी तन्हाई के मरुथल में,
मधुमास लिखा है ॥

अर्ध तृप्ति उद्दाम वासना,
ये मानव जीवन का सच है ॥
धरती के इस खण्डकाव्य पर,
विरह दग्ध उच्छ्वास लिखा है ॥

2

जिसके सम्मोहन में पागल,
धरती है आकाश भी है ॥
एक पहेली-सी ये दुनिया
गल्प भी है इतिहास भी है ॥
चिन्तन के सोपान पे चढ़कर,
चाँद सितारे छू आए ॥
लेकिन मन की गहराई में,
माटी की बू बास भी है ॥
मानव मन के द्वन्द्व को आखिर,
किस साँचे में ढालोगे ॥
महारास की पृष्ठभूमि में,
'ओशो' का संन्यास भी है ॥
अमृत की बूँदें बरसी थीं,
तब हमने मुँह फेर लिया ॥
आज खुशी से जहर पी रहे,
और उसका अहसास भी है ॥

इन्द्रधनुष के पुल से गुजरकर,
उस बस्ती तक आए हैं ॥
जहाँ भूख की धूप सलोनी,
चंचल है बिन्दास भी है ॥
कंक्रीट के इस जंगल में,
फूल खिले पर गन्ध नहीं ॥
स्मृतियों की घाटी में यूँ,
कहने को मधुमास भी है ॥

3

मानवता का दर्द लिखेंगे।
माटी की बू बास लिखेंगे ॥
हम अपने इस कालखण्ड का,
एक नया इतिहास लिखेंगे ॥
सदियों से जो रहे उपेक्षित
श्रीमन्तों के हरम सजाकर,
उन दलितों की करुण कहानी
मुद्रा से रैदास लिखेंगे ॥
'प्रेमचन्द' की रचनाओं को
एक सिरे से खारिज करके।
ये ओशो के अनुयायी हैं
कामसूत्र पर भाष्य लिखेंगे ॥
एक अलग ही छवि बनती है
परम्परा भंजक होने से,
तुलसी इनके लिए विधर्मी
देरीदा को खास लिखेंगे ॥

इनके कुत्सित सम्बन्धों से
पाठक का क्या लेना-देना,
लेकिन ये तो जिद पे अड़े हैं
अपना भोग विलास लिखेंगे ॥

4

हीरामन बेजार है
उफ़ किस कदर महँगाई है।
आपके दिल्ली में
उत्तर आधुनिकता आई है
टी.वी. से अख़बार तक हैं
जिस्म के मोहक कटाव,
ये हमारी सोच है
ये सोच की गहराई है ॥
सब का मालिक एक है
रटते भी हैं लड़ते भी हैं
सदियों के संघर्ष से
क्या दृष्टि हमने पाई है ॥
जो व्यवस्था को बदलने के लिए
बेताब थे।
कैद उनके बंगले में
इस मुल्क की रानाई है ॥

रहनुमां धृतराष्ट्र के
पदचिह्न पर चलने लगें,
आप चुप बैठे रहें
ये कौम की रुसवाई है ॥

5

ये अमीरों से हमारी
फैसलाकुन जंग थी,
फिर कहाँ से बीच में
मस्जिद व मन्दर आ गए ॥
जिनके चेहरे पर लिखी है
जेल की ऊँची फसील।
रामनामी ओढ़कर
संसद के अन्दर आ गए ॥
देखना सुनना व सच कहना
जिन्हें भाता नहीं।
कुर्सियों पर फिर वही
बापू के बन्दर आ गए ॥
कल तलक जो
हाशिये पर भी न आते थे नज़र
आजकल बाज़ार में
उनके कलेंडर आ गए ॥

6

टी.वी. से अख़बार तक
गर सैक्स की बौछार हो।
फिर बताओ कैसे
अपनी सोच का विस्तार हो ॥
बह गए कितने सिकन्दर
वक़्त के सैलाब में,
अक्ल इस कच्चे घड़े से
कैसे दरिया पार हो ॥
सभ्यता ने मौत से
डरकर उठाए हैं कदम,
ताज की कारीगरी
या चीन की दीवार हो ॥
मेरी खुद्दारी ने अपना
सर झुकाया दो जगह,
वो कोई मजलूम हो
या साहिबे किरदार हो ॥

एक सपना है जिसे
साकार करना है तुम्हें,
झोंपड़ी से राजपथ का
रास्ता हमवार हो ॥

7

चराग़ जल गये

अदम सुकून में जब कायनात होती है।
कभी-कभार मेरी उससे बात होती है ॥
कहीं हो ज़िक्र अक़ीदत से सर झुका देना।
बड़ी अजीम ये औरत की ज़ात होती है ॥
उफ़क पे खींच दें पर्दा चराग़ जल जाए।
हम अगर सोच लें तो दिन में रात होती है ॥
इक नई जंग छिड़ी है इधर विचारों में।
रोज़ इस मोर्चे पर शह व मात होती है ॥
समझ के तन्हा न इस शख़्स की दावत लेना।
अदम के साथ गमों की बरात होती है ॥

8

मोड़ से गुजरना है

ये समझते हैं खिले हैं तो फिर बिखरना है।
पर अपने ख़ून से गुलशन में रंग भरना है ॥
उससे मिलने को कई मोड़ से गुज़रना है।
अभी तो आग के दरिया में भी उतरना है ॥
जिसके आने से बदल जाए ज़माने का निज़ाम।
ऐसे इन्सान को इस ख़ाक से उभरना है ॥
बह रही दरिया इधर एक घूँट को तरसें।
उदय प्रताप जी वादे से ये मुकरना है ॥

9

सबकुछ खुलासा देखिए

जिस्म क्या है रूह तक सब कुछ खुलासा देखिए।
आप भी इस भीड़ में घुसकर तमाशा देखिए ॥
जो बदल सकती है इस दुनिया के मौसम का मिज़ाज।
उस युवा पीढ़ी के चेहरे की हताशा देखिए ॥
जल रहा है देश ये बहला रही है कौम को।
किस तरह अश्लील है संसद की भाषा देखिए ॥
मत्स्यगन्धा फिर कोई होगी किसी ऋषि का शिकार।
दूर तक फैला हुआ गहरा कुहासा देखिए ॥

10

लन्तरानी देखिए

ज़िन्दगी दुश्वार है उफ़ ये गरानी देखिए।
और फिर नेताओं की शोला बयानी देखिए ॥
भीख का लेकर कटोरा चाँद पर जाने की ज़िद।
ये अदा ये बाँकपन ये लन्तरानी देखिए ॥
मुल्क जाए भाड़ में इससे उन्हें मतलब नहीं।
कुर्सी से चिपटे हुए हैं जांफिसानी देखिए ॥

11

कविता में विचार

मुक्तिकामी चेतना अभ्यर्थना इतिहास की।
ये समझदारों की दुनिया है विरोधाभास की ॥
आप कहते हैं जिसे इस देश का स्वर्णिम अतीत।
वह कहानी है महज प्रतिशोध की सन्त्रास की ॥
यक्ष प्रश्नों में उलझ कर रह गई बूढ़ी सदी।
यह प्रतीक्षा की घड़ी है क्या हमारी प्यास की ॥
इस व्यवस्था ने नई पीढ़ी को आख़िर क्या दिया।
सैक्स की रंगीनियाँ या गोलियाँ सल्फास की ॥
याद रखिए यूँ नहीं ढलते हैं कविता में विचार।
होता है परिपाक धीमी आँच पर अहसास की ॥

12

सत्यानासी हैं हम

अंत्यज कोरी पासी हैं हम।
क्यूँ कर भारतवासी हैं हम ॥
अपने को क्यूँ वेद में खोजें।
क्या दर्पण विश्वासी हैं हम ॥
छाया भी छूना गर्हित है।
ऐसे सत्यानासी हैं हम ॥
धर्म के ठेकेदार बताएँ।
किस ग्रह के अधिवासी हैं हम ॥

13

नीलाम कर देंगे

जो डलहौजी न कर पाया वो ये हुक्काम कर देंगे।
कमीशन दो तो हिन्दुस्तान को नीलाम कर देंगे ॥
सुरा व सुन्दरी के शौक में डूबे हुए रहबर।
दिल्ली को रंगीलेशाह का हम्माम कर देंगे ॥
ये वन्देमातरम् का गीत गाते हैं सुबह उठकर।
मगर बाज़ार में चीज़ों का दुगना दाम कर देंगे ॥
सदन को घूस देकर बच गई कुर्सी तो देखोगे।
अगली योजना में घूसखोरी आम कर देंगे ॥

14

माचिस की तीली है

घर में ठण्डे चूल्हे पर अगर खाली पतीली है।
बताओ कैसे लिख दूँ धूप फागुन की नशीली है॥
भटकती है हमारे गाँव में गूँगी भिखारन-सी।
सुब्हे फरवरी बीमार पत्नी से भी पीली है॥
बग़ावत के कमल खिलते हैं दिल की सूखी दरिया में।
मैं जब भी देखता हूँ आँख बच्चों की पनीली है॥
सुलगते ज़िस्म की गर्मी का फिर अहसास हो कैसे।
मुहब्बत की कहानी अब जली माचिस की तीली है॥

15

शायर की जुबानी है

महज़ सड़कों पे गड्ढे हैं न बिजली है न पानी है।
हमारे शहर गोंडा की फिज़ा कितनी सुहानी है ॥
कभी आकर जिले में आप सामन्ती ठसक देखें।
कहा जाता है यू.पी. में न राजा है न रानी है ॥
अपना घर नहीं है राम का घर हम बनाते हैं।
इसे जादूगरी कहिए या कहिए लन्तरानी है ॥
किलो के भाव नैतिकता को हम नीलाम करते हैं।
दावा ये कि अपनी अस्मिता हमको बचानी है ॥
डकैती कत्ल दंगा धर्म की रक्षा में करते हैं।
हमारे कर्म में दरिया ये सरयू की रवानी है ॥
जिससे बुद्ध के किरदार की महकार आती है।
उस जनपद की पीड़ा एक शायर की जबानी है ॥

16

माइक रहे माला रहे

आँख पर पट्टी रहे और अक़्ल पर ताला रहे।
अपने शाहे वक़्त का यूँ मर्तबा आला रहे ॥
देखने को दे उन्हें अल्लाह कम्प्यूटर की आँख।
सोचने को कोई बाबा बाल्टीवाला रहे ॥
तालिबे शोहरत हैं कैसे भी मिले मिलती रहे।
आए दिन अखबार में प्रतिभूति घोटाला रहे ॥
एक जनसेवक को दुनिया में अदम क्या चाहिए।
चार छै चमचे रहें माइक रहे माला रहे ॥

17

अचानक उस अँधेरे में

अचेतन मन में प्रज्ञा कल्पना की लौ जलाती है।
सहज अनुभूति के स्तर में कविता जन्म पाती है॥
उठाता पाँव है विज्ञान संशय के अँधेरे में।
अचानक उस अँधेरे में ही बिजली कौंध जाती है॥
अदम इस सभ्यता के पास देने को नहीं कुछ अब।
जो ये सन्तप्त मानव के लिए पेशाब लाती है॥

18

मधुमास लेकर क्या करें

वेद में जिनका हवाला हाशिए पर भी नहीं।
वे अभागे आस्था विश्वास लेकर क्या करें ॥
लोकरंजन हो जहाँ शंबूक वध की आड़ में।
उस व्यवस्था का घृणित इतिहास लेकर क्या करें ॥
कितना प्रतिगामी रहा भोगे हुए क्षण का यथार्थ।
त्रासदी कुण्ठा घुटन सन्त्रास लेकर क्या करें ॥
गर्म रोटी की महक पागल बना देती मुझे।
पारलौकिक प्यार का मधुमास लेकर क्या करें ॥

19

ग़ज़ल को ले चलो

ग़ज़ल को ले चलो अब गाँव के दिलकश नजारों में।
मुसलसल फन का दम घुटता है इन अदबी इदारों में॥
न इनमें वो कशिश होगी न बू होगी न रानाई।
खिलेंगे फूल बेशक लान की लम्बी कतारों में॥
अदीबों ठोस धरती की सतह पर लौट भी आओ।
मुलम्मे के सिवा क्या है फ़लक के चाँद तारों में॥
रहे मुफ़लिस गुजरते बेयकीनी के तज़रबे से।
बदल देंगे ये इन महलों की रंगीनी मज़ारों में॥
कहीं पर भुखमरी की धूप तीखी हो गई शायद।
जो है संगीन के साये की चर्चा इश्तहारों में॥

20

भूख के अहसास को

भूख के अहसास को शेरो सुखन तक ले चलो।
या अदब को मुफ़लिसों की अन्जुमन तक ले चलो॥
जो ग़ज़ल माशूक के जल्वों से वाकिफ हो गई।
उसको अब बेवा के माथे की शिकन तक ले चलो॥
मुझको नज्मों जब्त की तालीम देना बाद में।
पहले अपनी रहबरी को आचरन तक ले चलो॥
खुद को ज़ख्मी कर रहे हैं गैर के धोखे में लोग।
इस शहर को रोशनी के बांकपन तक ले चलो॥

21

देश क्या आजाद है

सौ में सत्तर आदमी फिलहाल जब नाशाद है।
दिल पे रखके हाथ कहिए देश क्या आजाद है ॥
कोठियों से मुल्क के मेआर को मत आँकिए।
असली हिन्दुस्तान तो फुटपाथ पर आबाद है ॥
जिस शहर में मुंतज़िम अन्धे हों जल्वागाह के।
उस शहर में रोशनी की बात बेबुनियाद है ॥
ये नई पीढ़ी पे निर्भर है वही जजमेंट दे।
फलसफा गाँधी का मौजूं है कि नक्सलवाद है ॥
यह ग़ज़ल मरहूम मंटो की नज़र है दोस्तो।
जिसके अफसाने में ठण्डे गोश्त की रूदाद है ॥

22

हम्माम में हैं बेनकाब

जुल्फ, अँगड़ाई, तबस्सुम, चाँद, आईना, गुलाब।
भुखमरी के मोर्चे पर ढल गया इनका शबाब ॥
पेट के भूगोल में उलझा हुआ है आदमी।
इस अहद में किसको फ़ुर्सत है पढ़े दिल की किताब ॥
इक सदी की तिश्नगी का जख़्म होठों पर लिये।
बेयक़ीनी के सफर में ज़िन्दगी है इक अजाब ॥
डाल पर मज़हब की पैहम खिल रहे दंगों के फूल।
सभ्यता रजनीश के हम्माम में है बेनकाब ॥
चार दिन फुटपाथ के साये में रहकर देखिए।
डूबना आसान है आँखों के सागर में जनाब ॥

23

फाइलों के जाल में

जो उलझकर रह गई है फाइलों के जाल में।
गाँव तक वह रौशनी आएगी कितने साल में ॥
बूढ़ा बरगद साक्षी है किस तरह से खो गई।
रम सुधी की झोंपड़ी सरपंच की चौपाल में ॥
खेत जो सीलिंग के थे सब चक में शामिल हो गए।
हमको पट्टे की सनद मिलती भी है तो ताल में ॥
जिसकी कीमत कुछ न हो इस भीड़ के माहौल में।
ऐसा सिक्का ढालिए मत ज़िस्म की टकसाल में ॥

24

मोर्चा सर हो गया

उनका दावा मुफ़लिसी का मोर्चा सर हो गया।
पर हकीकत ये है मौसम और बदतर हो गया॥
बन्द कल को क्या किया मुखिया के खेतों में बेगार।
अगले दिन ही एक होरी और बेघर हो गया॥
जब हुई नीलाम कोठे पर किसी की आबरू।
फिर अहल्या का सरापा ज़िस्म पत्थर हो गया॥
रंग रोगन से पुता पहलू में लेकिन दिल नहीं।
आज का इन्सान भी कागज़ का पैकर हो गया॥
माफ करिए सच कहूँ तो आज हिन्दुस्तान में।
कोख ही ज़रख़ेज है अहसास बंजर हो गया॥

25

महफ़ूज़ चिंगारी रहे

यूँ ही राहे जीस्त में दरपेश दुश्वारी रहे।
ताक़यामत प्यास का ये सिलसिला जारी रहे ॥
हुक्मराँ ने खींच दी है कैनवस पर जो लकीर।
कह दो उसके दायरे में ही अदाकारी रहे ॥
मुल्क जाए भाड़ में इससे उन्हें मतलब नहीं।
एक ही ख़्वाहिश है कि कुनबे में मुख़्तारी रहे ॥
फर्द हो जाते हैं उस माहौल में रजअत पसन्द।
खौफ़ का साया अगर अहसास पर तारी रहे ॥
जिसकी गर्मी से महकते हैं बग़ावत के गुलाब।
आपके सीने में वह महफ़ूज़ चिंगारी रहे ॥

26

सूरज खिलौना हो गया

चाँद है ज़ेरे कदम सूरज खिलौना हो गया।
हाँ मगर इस दौर में क़िरदार बौना हो गया ॥
शहर के दंगों में जब भी मुफलिसों के घर जले।
कोठियों की लॉन का मंज़र सलोना हो गया ॥
ढो रहा है आदमी काँधे पे ख़ुद अपनी सलीब।
ज़िन्दगी का फलसफा अब बोझ ढोना हो गया ॥
यूँ तो आदम के बदन पर भी था पत्तों का लिबास।
रूह उरियाँ क्या हुई मौसम घिनौना हो गया ॥
अब किसी लैला को भी इकरारे महबूबी नहीं।
इस अहद में प्यार का सिम्बल तिकोना हो गया ॥

27

भुखमरी की जद में है

भुखमरी की जद में है या दार के साये में है।
अहले हिन्दुस्तान अब तलवार के साये में है॥
छा गई है जेहन की पर्तों पे मायूसी की धूप।
आदमी गिरती हुई दीवार के साये में है॥
बेबसी का इक समन्दर दूर तक फैला हुआ।
और कश्ती कागजी पतवार के साये में है॥
हमँ फ़कीरों की न पूछो मुतमइन वो भी नहीं।
जो तुम्हारी गेसुए ख़मदार के साये में है॥

28

तुम्हारे लखनऊ में है

महल से झोंपड़ी तक एक दम घुटती उदासी है।
किसी का पेट ख़ाली है किसी की रूह प्यासी है ॥
खुदा का वास्ता देकर किसी का घर जला देना।
ये मज़हब की वफ़ादारी हकीकत में सियासी है ॥
नंगी पीठ हो जाती है जब हम पेट ढकते हैं।
मेरे हिस्से की आज़ादी भिखारी के कबा-सी है ॥
कभी तकरीर की गर्मी से चूल्हा जल नहीं सकता।
यहाँ वादों के जंगल में सियासत बेहया-सी है ॥
हमारे गाँव का 'गोबर' तुम्हारे लखनऊ में है।
जवाबी खत में लिखना किस मोहल्ले का निवासी है ॥

29

शिगूफ़ा उछाल दो

पहले जनाब कोई शिगूफ़ा उछाल दो।
फिर कर का बोझ कौम की गर्दन पे डाल दो॥
रिश्वत को हक समझ जहाँ ले रहे हों लोग।
है और कोई मुल्क तो उसकी मिसाल दो॥
औरत तुम्हारे पाँव की जूती की तरह है।
जब बोरियत महसूस हो घर से निकाल दो॥
चीनी नहीं है घर में लो मेहमान आ गये।
महँगाई की भट्ठी पे शराफ़त उबाल दो॥

30

अंगार की बातें करो

नीलोफर शबनम नहीं अंगार की बातें करो।
वक़्त के बदले हुए मेआॅर की बातें करो ॥
भाप बन सकती नहीं पानी अगर हो नीम गर्म।
क्रान्ति लाने के लिए हथियार की बातें करो ॥
आसमानी बाप से जब प्यार कर सकते नहीं।
इस ज़मीं के ही किसी किरदार की बातें करो ॥
तर्क कर तन्क़ीद के जज्बे को मर जाती है क़ौम।
ज़ुर्म है ठहराव अब रफ़्तार की बातें करो ॥

31

सताये हुए लोग

वल्लाह किस जुनूँ के सताए हुए हैं लोग।
हमसाये के लहू में नहाये हुए हैं लोग ॥
ये तिश्नगी गवाह है घायल है इनकी रूह।
चेहरे ही तबस्सुम से सजाये हुए हैं लोग ॥
गैरत मरी तो वाकई इन्सान मर गया।
जीने की सिर्फ रस्म निभाये हुए हैं लोग ॥
कहने को कह रहे हैं मुबारक हो नया साल।
खंज़र भी आस्तीं में छुपाये हुए हैं लोग ॥

32

गाँव का मौसम गुलाबी है

तुम्हारी फाइलों में गाँव का मौसम गुलाबी है।
मगर ये आँकड़े झूठे हैं ये दावा किताबी है॥
उधर जम्हूरित की ढोल पीटे जा रहे हैं वो।
इधर पर्दे के पीछे बर्बरीयत है नवाबी है॥
लगी है होड़-सी देखो अमीरी और गरीबी में।
ये पूँजीवाद के ढाँचे की बुनियादी ख़राबी है॥
तुम्हारी मेज चाँदी की तुम्हारे जाम सोने के।
यहाँ जुम्मन के घर में आज भी फूटी रकाबी है॥

33

अदीबों का कबीला है

किसी का रंग धानी है किसी का रंग पीला है।
जमातों में बँटा अपने अदीबों का कबीला है ॥
उफ़क़ पर दूर तक बादल का साया भी नहीं यारो।
मगर इनके तसव्वुर का ये दामन कैसे गीला है ॥
वो रोज़े ताज जिसको हुस्न की मीनार कहते हैं।
यहाँ घीसू की नज़रों में वो इक पत्थर का टीला है ॥
बरहना हो न जाए ये अदम पछुवा के झोंके से।
हमारी इस तमद्दुन का गरारा कितना ढीला है ॥

34

कुत्तों के वास्ते

ताला लगा के आप हमारी ज़बान को।
कैदी न रख सकेंगे जेहन की उड़ान को ॥
बंगले बनेंगे पालतू कुत्तों के वास्ते।
हम आप तरसते ही रहेंगे मकान को ॥
जब तक रहेंगे सेठों के चेले जमात में।
तब तक खुशी नसीब न होगी किसान को ॥
घर में गिनेंगे आप तो पंजे से कम नहीं।
दफ्तर में टाँगते हैं तिकोने निशान को ॥

35

जिस्म की भूख

ज़िस्म की भूख कहें या हवस का ज्वार कहें।
सतही जज्बे को मुनासिब नहीं है प्यार कहें॥
बारहा फ़र्द की अज़मत ने जिसे मोड़ दिया।
हम भला कैसे उसे वक़्त की रफ़्तार कहें॥
जलते इनसान की बदबू से हवा बोझिल है।
फिर भी इसरार है मौसम को खुशगवार कहें॥
आर्मस्ट्रांग तो कहता है चाँद पत्थर है।
दौरे हाज़िर में किसे हुस्न का मेऑर कहें॥

36

मुक्कमल भूल है

बेचता यूँ ही नहीं है आदमी ईमान को।
भूख ले जाती है ऐसे मोड़ पे इन्सान को ॥
सब्र की इक हद भी होती है तवज्जो दीजिए।
गर्म रक्खें कब तलक नारों से दस्तरख़ान को ॥
शबनमी होंठों की गर्मी दे न पाएगी सुकून।
पेट के भूगोल में उलझे हुए इनसान को ॥
पार कर पाएगी ये कहना मुकम्मल भूल है।
इस अहद की सभ्यता नफ़रत के रेगिस्तान को ॥

37

वो औरत बतायेगी

वो जिसके हाथ में छाले हैं पैरों में बिवाई है।
उसी के दम से रौनक आपके बंगलों में आई है ॥
इधर इक दिन की आमदनी का औसत है चवन्नी का।
उधर लाखों में सेठों के तिजोरी की कमाई है ॥
कोई भी सिरफिरा धमका के जब चाहे ज़िना कर ले।
हमारा मुल्क इस माने में बुधुआ की लुगाई है ॥
रोटी कितनी महँगी है ये वो औरत बताएगी।
जिसने जिस्म गिरवी रखके ये कीमत चुकाई है ॥

38

सपने अदीब के

कब तक सहेंगे जुल्म रफ़ीको रकीब के।
शोलों में अब ढलेंगे ये आँसू ग़रीब के ॥
इक हम हैं भुखमरी के जहन्नुम में जल रहे।
इक आप हैं दुहरा रहे किस्से नसीब के ॥
उतरी है जबसे गाँव में फ़ाकाकशी की शाम।
बेमानी होके रह गए रिश्ते करीब के ॥
इक हाथ में कलम है और इक हाथ में कुदाल।
वाबस्ता हैं ज़मीन से सपने अदीब के ॥

39

छेड़खानी है ग़ज़ल

दर्द के दरिया में अश्कों की रवानी है ग़ज़ल।
हुस्ने फ़ितरत से मुसलसल छेड़खानी है ग़ज़ल॥
बेल-सी लिपटी हुई है फलसफे की शाख पर।
भीगी रातों में महकती रातरानी है ग़ज़ल॥
नील की तहजीब गंगा की लहर में घुल गई।
ठेठ हिन्दी-सी सरापा हिन्दुआनी है ग़ज़ल॥
ढूँढ़ते हैं 'जाफ़री' गर मार्क्सवादी सुर्खियाँ।
भाई 'बेकल' की नज़र में जाफरानी है ग़ज़ल॥
बेबदल है एशिया में शख्सियत जिसकी अदम।
मोहतरम ग़ालिब की पाकीजा निशानी है ग़ज़ल॥
जामो-मीना की खनक से थी ये वाबस्ता ज़रूर।
देखिए अब ज़िन्दगी की तर्जुमानी है ग़ज़ल॥

40

जुलेखा के इशारों पर

बजाहिर प्यार की दुनिया में जो नाकाम होता है।
कोई रूसो कोई हिटलर कोई ख़ैयाम होता है ॥
ज़हर देते हैं उसको हम कि ले जाते हैं सूली पर।
यही हर दौर के मंसूर का अंजाम होता है ॥
जुनूने शौक में बेशक लिपटने को लिपट जाएँ।
हवाओं में कहीं महबूब का पैग़ाम होता है ॥
सियासी बज्म में अक्सर जुलेख़ा के इशारों पर।
हक़ीक़त ये है यूसुफ आज भी नीलाम होता है ॥

41

मुहब्बत हाशिये पर है

न महलों की बुलन्दी से न लफ़्ज़ों के नगीने से।
तमद्दुन में निखार आता है घीसू के पसीने से॥
अब चर्चा में रोटी है मुहब्बत हाशिये पर है।
उतर आई ग़ज़ल इस दौर में कोठी के जीने से॥
अदब का आइना उन तंग गलियों से गुजरता है।
जहाँ बचपन सिसकता है लिपट के माँ के सीने से॥
बहरे बेकिंरा में ताक़यामत का सफ़र ठहरा।
जिसे साहिल की हसरत हो उतर जाए सफीने से॥
अदीबों की नई पीढ़ी से मेरी ये गुज़ारिश है।
सँजोकर रक्खें धूमिल की विरासत को करीने से॥

42

क़यामत तक ठहर जायें

कहीं फागुन की दिलकश शाम फ़ाकों में गुजर जाए।
मेरा दावा है इसके हुस्न का जादू उतर जाए॥
तख़य्युल में तेरे चेहरे का ख़ाका खींचने बैठे।
बड़ी हैरत हुई जब अक्स रोटी के उभर आये॥
कभी मुफ़लिस के होंठों पर तबस्सुम की किरन फूटे।
मेरी ग़ज़लों में वो लम्हा क़यामत तक ठहर जाए॥
स्लम बस्ती के बाड़े में अगर इक रात भी ठहरें।
अमीरों के हसीं ख़्वाबों का शीराजा बिखर जाए॥
अगर इसमें से दीगर नस्ल का हिस्सा जुदा कर दें।
तो हिन्दुस्तान की तहज़ीब बेपर्दा नज़र आए॥

43

काजू भुने प्लेट में

काजू भुने प्लेट में ह्विस्की गिलास में।
उतरा है रामराज विधायक निवास में ॥
पक्के समाजवादी हैं तस्कर हों या डकैत।
इतना असर है खादी के उजले लिबास में ॥
आजादी का ये जश्न मनाएँ वो किस तरह।
जो आ गए फुटपाथ पर घर की तलाश में ॥
पैसे से आप चाहें तो सरकार गिरा दें।
संसद बदल गई है यहाँ की नख़ाश में ॥
जनता के पास एक ही चारा है बग़ावत।
यह बात कह रहा हूँ मैं होशोहवास में ॥

44

परधान बनके आ गये

जितने हरामखोर थे कुर्बो-जवार में।
परधान बनके आ गए अगली कतार में ॥
दीवार फाँदने में यूँ जिनका रिकार्ड था।
वे चौधरी बने हैं उमर के उतार में ॥
फौरन खजूर छाप के परवान चढ़ गई।
जो भी ज़मीन ख़ाली पड़ी थी कछार में ॥
बंजर ज़मीन पट्टे में जो दे रहे हैं आप।
ये रोटी का टुकड़ा है मियादी बुख़ार में ॥
जब दस मिनट की पूजा में घंटों गुजार दें।
समझो कोई ग़रीब फँसा है शिकार में ॥

45

खूँटे में कसाई है

महज़ तनख़्वाह से निपटेंगे क्या नखरे लुगाई के।
हजारों रास्ते हैं सिन्हा साहब की कमाई के॥
सूखे की निशानी उनके ड्राइंगरूम में देखो।
टी.वी. का नया सेट है ऊपर उस तिपाई के॥
मिसेज सिन्हा के हाथों में जो बेमौसम खनकते हैं।
पिछली बाढ़ के तोहफे हैं ये कंगन कलाई के॥
ये मैकाले के बेटे खुद को जाने क्या समझते हैं।
इनके सामने हम लोग थारू हैं तराई के॥
भारत माँ की इक तस्वीर मैंने यूँ बनाई है।
बँधी है एक बेबस गाय खूँटे में कसाई के॥

46

मजहबी दंगों के नाम

भुखमरी बेरोजगारी तस्करी के एहतिमाम।
सन् सत्तासी नज़्र कर दें मजहबी दंगों के नाम॥
दोस्त मलियाना के पसमंजर में जाके देखिए।
दो कदम हिटलर से आगे हैं ये जम्हूरी निजाम॥
है इधर फाक़ाकशी से रात का कटना मुहाल।
रक़्स करती है उधर स्कॉच की बोतल में शाम॥
बम उगाएँगे अदम दहकान गन्दुम के एवज़।
आप पहुँचा दें हुकूमत तक हमारा ये पयाम॥

47

घर की तलाश

दो अदद आँख तो हर इक के पास होती है।
लाखों में कोई नज़र ग़मशिनास होती है ॥
नंगे अल्फ़ाज की तोहमत न लगाओ हम पे।
तल्ख़ सच्चाई है जो बेलिबास होती है ॥
ज़दीद सोच का कैसा दिवालियापन है।
मज़हबी साँचे पे फ़न की तराश होती है ॥
कितने बेबस हैं ये फुटपाथ पर सोने वाले।
गो परिन्दों को भी घर की तलाश होती है ॥
अदब इदारों में महदूद है बजा लेकिन।
गाँव के लहजे की अपनी मिठास होती है ॥

48

तहरीर है मेरी ग़ज़ल

एशियाई हुस्न की तस्वीर है मेरी ग़ज़ल।
मशरिकी फन में नई तामीर है मेरी ग़ज़ल॥
सालहा जो हीर व राँझा की नज़रों में पले।
उस सुनहरी ख़्वाब की तामीर है मेरी ग़ज़ल॥
इसकी अस्मत वक़्त के हाथों न नंगी हो सकी।
यूँ समझिए द्रौपदी की चीर है मेरी ग़ज़ल॥
दिल लिए शीशे का देखो संग से टकरा गई।
बर्गे गुल की शक्ल में शमशीर है मेरी ग़ज़ल॥
गाँव के पनघट की रंगीनी बयाँ कैसे करें।
भुखमरी की धूप से दिलगीर है मेरी ग़ज़ल॥
दूर तक फैले हुए सरयू के साहिल पे अदम।
शोख लहरों की लिखी तहरीर है मेरी ग़ज़ल।

49

चेतना रजनीश की

दोस्तो अब और क्या तौहीन होगी रीश की।
ब्रेसरी के हुक पे ठहरी चेतना रजनीश की ॥
योग की पेचीदगी का हल मिले या न मिले।
आप सब सूरत से वाक़िफ़ हो गये इब्लीस की ॥
मोहतरम यूँ पाँव लटकाए हुए हैं कब्र में।
चाहिए लड़की कोई सोलह कोई उन्नीस की ॥
फ़ल्सफे की रौशनी में रूह नंगी हो गई।
क्यूँ नहीं उठती है, अब कोई नज़र तफ्तीश की ॥
ज़िस्म की घाटी में अब इलहाम ढूँढ़ा जा रहा।
ये घिनौनी लत है कोरे गाँव के जगदीश की ॥

50

कोई गुफ़्तगू करें

रिश्तों के तिलिस्मात को बेआबरू करें।
आओ जदीद फन पे कोई गुफ्तगू करें ॥
जो लुट चुके हैं दिन के उजालों में बारहा।
वो रौशनी में तीरगी की ज़ुस्तजू करें ॥
भटके हुओं को राह दिखाने से हम रहे।
क्या हक़ है ज़माने फ़कत आकथू करें ॥
किस दिल से 'अदम' उनको भला बागबाँ कहे।
नीलाम जो चमन की यहाँ रंगो बू करें ॥
सरमाये से आसूदगी हासिल जिसे हुई।
उस शख़्स को जनाब मेरे रूबरू करें ॥

51

दामन को थाम के

फूलों की नाज़ुकी है तो सख़्ती चट्टान-सी।
जुलहे के यहाँ भाषा तनी है कमान-सी ॥
चलिए यहाँ पे अक़्ल के दामन को थाम के ।
क़ातिल है ये पहाड़ के तीखी ढलान से ॥
सहमे हुए हैं इससे अदब के इज़ारेदार।
ये अपना हक वसूल रही है पठान-सी ॥
जब सो रहा था मुल्क कुदूरत की गोद में।
उस वक़्त ये बुलन्द हुई थी अज़ान-सी ॥
काँटे को आप फूल से कैसे निकालते।
गाली पे उतर आई गँवारू किसान-सी ॥

52

मुखौटे में

आग बरसाती है मित्रो जो क्षितिज के छोर से।
कितनी उम्मीदें जुड़ी थीं उस सुहानी भोर से॥
यूँ तो संयम के मुखौटे में सभी लगते हैं सभ्य।
भीड़ के सन्दर्भ में देखो तो आदमखोर से॥
शहर में आए थे पशुता के विसर्जन के लिए।
नग्न होने के लिए या जंगलों की ओर से॥
आज उसकी छटपटाहट व्यक्त हो पाती नहीं।
दब गई है चीख मानव की मशीनी शोर से॥
शब्द दर्पण में समय का चित्र बिम्बित हो उठा।
सत्य को गरिमा मिली कवि कल्पना की कोर से॥

53

लाश अपने कन्धे पे

यूँ ख़ुद की लाश अपने काँधे पे उठाए हैं।
ऐ शहर के बाशिन्दो हम गाँव से आए हैं ॥
सुर्खी है मेरे खूँ की इन लॉन के फूलों में।
इस तल्ख़ हक़ीक़त को क्यूँ आप छुपाए हैं ॥
उरियानियत में पीछे हम आप से नहीं हैं।
तुम शौक से नंगे हो हम ग़म के सताये हैं ॥
सत्ता के जनाज़े को ले जाएँगे मरघट तक।
जो लोग भुखमरी के आग़ोश में आए हैं ॥
रूसो की तरफ देखो ख़य्याम पे मत जाओ।
अल्फ़ाज के फूलों से तूफान भी आए हैं ॥

54

ये सफरनामा अदम

इन्द्रधनुषी रंग में महकी हुई तहरीर है।
अमृता की शायरी इक बोलती तस्वीर है ॥
टूटते रिश्तों की तल्खी है तेरे असआर में।
वाकई पंजाब के माटी की ये तासीर है ॥
दिल को तड़पाती है असफल प्यार की तीखी चुभन।
शबनमी होंठों पे गोया दास्ताने हीर है ॥
बारहा दुनिया में जिस औरत को रुसवाई मिली।
तेरी नज़्मों में वो वर्गे गुल नहीं शमशीर है ॥
गंगाजल से वोदका तक ये सफरनामा 'अदम'।
अहले पंजाबी अदब में इक नई तामीर है ॥

55

ज़ुल्म के अहसास को

तेजतर रखिए मुसलसल ज़ुल्म के अहसास को।
भूल जाए आदमी चंगेज़ के इतिहास को ॥
आनेवाली नस्ल को सौग़ात देने के लिए।
लो सजा शोकेश में इनसानियत की लाश को ॥
मुफ़लिसों की भीड़ को गोली चलाकर भून दो।
दो कुचल बूटों से औसत आदमी की प्यास को ॥
मज़हबी दंगों को भड़काकर मसीहाई करो।
हर क़दम पे तोड़ दो इन्सान के विश्वास को ॥
इक अदद नारा उछालो आम जनता की तरफ।
कैद कर लो अपने ड्राइंग रूम में मधुमास को ॥

56

दंगों के फूल

जिस तरफ डालो नज़र सैलाब का सन्त्रास है ॥
बाढ़ में डूबे शजर है नीलगूँ आकाश है ॥
सामने की झाड़ियों में जो उलझकर रह गई,
वह किसी डूबे हुए इनसान की इक लाश है ॥
साँप लिपटे हैं बबूलों की कँटीली शाख पर,
सिरफिरों को ज़िन्दगी में किस कदर विश्वास है ॥
कितनी वहशतनाक है सरयू की पाकीजा कछार,
मीटरों लहरें उछलती हश्र का आभास है ॥
आम चर्चा है बशर ने दी है कुदरत को शिकस्त,
कूवते इनसानियत का राज़ इस जाफ़ाश है ॥

57

आप कहते हैं सरापा...

आप कहते हैं सरापा गुलमुहर है ज़िन्दगी,
हम गरीबों की नज़र में इक कहर है ज़िन्दगी ॥
भुखमरी की धूप में कुम्हला गई अस्मत की बेल,
मौत के लम्हात से भी तल्ख़तर है ज़िन्दगी ॥
डाल पर मज़हब की पैहम खिल रहे दंगों के फूल,
ख़्वाब के साये में फिर भी बेख़बर है ज़िन्दगी ॥
रौशनी की लाश से अब तक ज़िना करते रहे,
ये वहम पाले हुए शम्सो कमर है ज़िन्दगी ॥
दफ़्न होता है जहाँ आकर नई पीढ़ी का प्यार,
शहर की गलियों का वो गन्दा गटर है ज़िन्दगी ॥

58

चोट के मारे हुए

निस्फ़ आबादी अगर भूख के शोलों में जले।
ग़ज़ल फिर कैसे सुखनवर के तसव्वुर में पले ॥
जो बशर मुल्क के तकदीर की तामीर करे।
आज फुटपाथ के साये में उसकी रात ढले ॥
गाँव की भोली जवानी रहे उरियाँ होकर।
शर्म की बात हशीं खेत तो सोना उगले ॥
सरबुलन्द मुल्क की रौनक ये तेरे रंगमहल।
जल के रह जाएँ बगावत के अगर फूल खिले ॥
कैसी काफ़िर हुई जम्हूरियत जवाँ होकर।
सर पे संगीन के साये हैं और होंठ सिले ॥

59

भूख वो मुद्दा है...

भूख वो मुद्दा है जिसकी चोट के मारे हुए।
कितने युसुफ बेकफ़न अल्लाह के प्यारे हुए ॥
हुस्न की मासूमियत की जद में रोटी आ गई।
चाँदनी की छाँव में भी फूल अंगारे हुए ॥
माँ की ममता बाप की शफ़्कत गरानी खा गई।
इसके चलते दो दिलों के बीच बँटवारे हुए ॥
बाहमी रिश्तों में अब वो प्यार की खुशबू नहीं।
तल्ख़ियों से ज़िन्दगी के हाशिए खारे हुए ॥
ज़ीस्त का हासिल यही हक़ के लिए लड़ते रहो।
ख़ुदकुशी मंज़िल नहीं ए ज़ीस्त से हारे हुए ॥

60

द्रौपदी की लाश है

मेरी नज़्मों में मशीनी दौर का अहसास है।
भूख के शोलों में जलती क़ौम का इतिहास है॥
खोखले नारों की शबनम से वो बुझ पाएगी क्या।
जिसके होंठों पर मुकम्मल इक सदी की प्यास है॥
क्या किया दिल्ली ने उन खानाबदोशों के लिए।
सर्दियों में जिनके सर पे छत खुला आकाश है॥
चन्द सिक्कों के एवज़ ईमान बेचा जा रहा।
ये हमारे देश की संसद है या नख़्खाश है॥
मजहबी दंगों के शोलों में शराफ़त जल गई।
फन के दोराहे पे नंगी द्रौपदी की लाश है॥

हिन्दू या मुस्लिम के...

हिन्दू या मुस्लिम के अहसासात को मत छेड़िए।
अपनी कुर्सी के लिए जज़्बात को मत छेड़िए ॥
हममें कोई हूण कोई शक कोई मंगोल है।
न है जो बात अब उस बात को मत छेड़िए ॥
याँ बाबर की थीं जम्मन का घर फिर क्यूँ जले।
ाक वक़्त में हालात को मत छेड़िए ॥
हिटलर हलाकू जार या चंगेज़ ख़ाँ।
क़ौम की औक़ात को मत छेड़िए ॥
मिल-जुलकर ग़रीबी के ख़िलाफ़।
नग़मात को मत छेड़िए ॥

62

जुबान के झगड़े

गर चन्द तवारीख़ी तहरीर बदल दोगे।
क्या इससे किसी कौम की तक़दीर बदल दोगे॥
जो अक़्स उभरता है रसखान की नज़्मों में।
क्या कृष्ण की वो मोहक तस्वीर बदल दोगे॥
जायस से वो हिन्दी की दरिया जो बहके आई।
मोड़ोगे उसकी धारा या नीर बदल दोगे॥
क्या सच है देशमुख के कहने से विशेषज्ञो।
मुमताज के ख़्वाबों की ताबीर बदल दोगे॥
तारीख़ बताती है तुम भी तो लुटेरे हो।
क्या द्राविड़ों से छीनी जागीर बदल दोगे॥

किसको उम्मीद थी...

किसको उम्मीद थी जब रोशनी जवाँ होगी।
कल के बदनाम अँधेरों पे मेहरबाँ होगी ॥
शहर-शहर में मुख़्तलिफ जुबान के झगड़े।
मुझको लगता है नई नस्ल बेजुबाँ होगी ॥
खिले हैं फूल कटी छातियों के धरती पर।
फिर मेरे गीत में मासूमियत कहाँ होगी ॥
आप आएँ तो कभी गाँव की चौपालों में।
मैं रहूँ या न रहूँ भूख मेजबाँ होगी ॥
बकौल डार्विन बुज़दिल ही मारे जाएँगे।
सरकशी यूँ ही अदम मीरे कारवाँ होगी ॥

खेमे में बँट गया

1

इनसान काले गोरे के खेमे में बँट गया।
तहज़ीब के बदन पे सियासी लिबास है ॥
रोटी के लिए बिक गई धनियाँ की आबरू।
लमही में प्रेमचन्द का होरी उदास है ॥

2

फूल के ज़िस्म पे पहलू बदल रही तितली।
पेट की आग में जलते हुए बशर की तरह ॥
मेरे जेहन में तेरी शक्ल धुँधली-धुँधली है।
हसीन कोहरे में डूबे हुए शजर की तरह ॥

3

सहमी सहमी हर नज़र हर पाँव में ज़ंजीर है।
ये मेरे आज़ाद हिन्दुस्तान की तस्वीर है ॥
दफ़्न हैं कितने सिकन्दर मुल्क की जिस ख़ाक में ।
मोहतरम उसको समझते हैं मेरी जागीर है ॥

4

ये जुल्म ये फसाद कयामत का सीन है।
कहते हैं इस फसाद का बायस मशीन है ॥
देखें अगर जनाब हमारी निगाह से।
तो चाँद से भी रोटी का टुकड़ा हसीन है ॥

5

सोचिए तो हमको आजादी से आखिर क्या मिला।
आज औसत आदमी की भीड़ तिशनाकाम है ॥
ऐब पोशी के लिए चादर है गाँधीवाद की।
नंगा होने के लिए रजनीश का हम्माम है ॥

6

इन वहशी ख़्यालात को फन का लिबास दो।
पैहम रहे वो वक़्त के दिल पे खराश दो ॥
हैय्यत में क्या शबाब है ये पूछने के क़ब्ल।
वाइज के लिए आप कोई बुत तराश दो ॥

7

हायरी किस्मत कि ख़ाली पेट बच्चा सो गया।
माँ के क़दमों से लिपट के बारहा मनुहार पे ॥
क्या ग़लत है कल को उसकी चेतना बाग़ी बने।
पल रहा है बचपना जो भूख के अंगार पे ॥

8

घर का हसीन ख़्वाब सँजोए निगाह में।
गुज़री है उम्र बूढ़े शजर की पनाह में ॥
दिल में सुलगती आग को थोड़ी-सी हवा दो।
फिर देखो क्या असर है गरीबों की आह में ॥

9

मैंने अदब से हाथ उठाया सलाम को।
समझा उन्होंने इससे है ख़तरा निजाम को ॥
चोरी न करें झूठ न बोलें तो क्या करें।
चूल्हे पे क्या उसूल पकाएँगे शाम को ॥

10

अदबगर ज़िन्दगी के दायरे से दूर होता है।
तो वह तहज़ीब के सीने में इक नासूर होता है ॥
रवायत आहनी ज़ंजीर बन जाती है पाँवों की।
बग़ावत के लिए इनसान फिर मजबूर होता है ॥

11

भुखमरी की रुत में नग़्मे लिख रहे हैं प्यार के।
आज के फ़नकार भी हैं दोगले किरदार के ॥
दोस्तो इस मुल्क में जम्हूरियत के नाम पर ।
सिक्के कितने दिन चलेंगे एक ही परिवार के ॥

12

वह सिपाही थे न सौदागर थे न मजदूर थे।
दरअसल मुंशी जी अपने दौर के मंसूर थे ॥
अपने अफसानों में औसत आदमी को दी जगह।
जब अलिफलैला के क़िस्से ही यहाँ मशहूर थे ॥

13

खुदी सुकरात की हो याकि हो रूदाद गाँधी की।
सदाक़त ज़िन्दगी के मोर्चे पर हार जाती है॥
फटे कपड़ों से तन ढाँके गुज़रता हो जहाँ कोई।
समझ लेना वो पगडण्डी अदम के गाँव जाती है॥

14

इलेक्शन भर मुसलमानों से हम रूमाल बदलेंगे।
अभी बदला है चेहरा देखिए अब चाल बदलेंगे॥
मिले कुर्सी तो दलबदलू कहो क्या फ़र्क़ पड़ता है।
ये कोई वल्दियत है पार्टी हर साल बदलेंगे॥

नज़्म-1

हथियार उठा ले

गर खुदसरी की राह पर चलते हों रहनुमा।
कुर्सी के लिए गिरते सँभलते हों रहनुमा ॥
गिरगिट की तरह रंग बदलते हों रहनुमा।
टुकड़ों पे जमाख़ोर के पलते हों रहनुमा ॥
जनता को हक है हाथ में हथियार उठा ले।
जब भुखमरी की धूप में जलते किसान हों ॥
मुँह में ज़ुबान रखते हुए बेज़ुबान हों।
नफ़रत की रुत में दंगों के शोले जवान हों ॥
जम्हूरियत के तन पे ज़िना के निशान हों।
जनता को हक है हाथ में हथियार उठा ले ॥
गर खुद को कोई मुल्क की तक़दीर समझ ले।
हर शै को अपने ख़्वाब की ताबीर समझ ले ॥
अपना बयान वेद की तहरीर समझ ले।
जनगण को ख़ानदान की जागीर समझ ले ॥
जनता को हक है हाथ में हथियार उठा ले।
गाँधी का मुल्क है मगर हालात हैं अजीब ॥

अफसर हैं घूसखोर वो जल्लाद हैं तबीब।
जनता को साफ पीने का पानी नहीं नसीब॥
रम पीके दुम हिलाते हैं फ़नकार वो अदीब।
जनता को हक है हाथ में हथियार उठा ले॥

चमारों की गली

आइए, महसूस करिए ज़िन्दगी के ताप को।
मैं चमारों की गली तक ले चलूँगा आपको ॥
जिस गली में भुखमरी की यातना से ऊबकर।
मर गई फुलिया विचारी कल कुएँ में डूबकर ॥
है सधी सिर पर बिनौले कण्डियों की टोकरी।
आ रही है सामने से हरखुआ की छोकरी ॥
चल रही है छन्द के आयाम को देती दिशा।
मैं इसे कहता हूँ सरयूपार की मोनालिसा ॥
कैसी ये भयभीत है हिरनी-सी घबराई हुई।
लग रही जैसे कली बेला की कुम्हलाई हुई ॥
कल को ये वाचाल थी पर आज कैसी मौन है।
जानते हो इसकी ख़ामोशी का कारण कौन है ॥
थे यही सावन के दिन हरखू गया था हाट को।
सो रही बूढ़ी ओसारे में बिछाए खाट को ॥
डूबते सूरज की किरणें खेलती थीं रेत से।
घास का गट्ठर लिए ये आ रही थीं खेत से ॥

आ रही थी वह चली खोई हुई जज़्बात में।
क्या पता उसको कि कोई भेड़िया है घात में॥
होनी से अनभिज्ञ कृष्णा बेखबर राहों में थी।
मोड़ पर घूमी तो देखा अजनबी बाँहों में थी॥
चीख़ निकली भी तो होंठों में ही घुटकर रह गई।
छटपटाई पहले फिर ढीली पड़ी फिर ढह गई॥
दिन तो सरयू के कछारों में था कब का ढल गया।
वासना की आग में कौमार्य इसका जल गया॥
और उस दिन ये हवेली हँस रही थी मोद में।
होश में आई तो कृष्णा थी पिता की गोद में॥
जुड़ गई थी भीड़ जिसमें जोश का सैलाब था।
जो भी था अपनी सुनाने के लिए बेताब था॥
बढ़ के मंगल ने कहा काका तू कैसे मौन है।
पूछ तो बेटी से आख़िर वो दरिन्दा कौन है॥
हो कोई संघर्ष से हम पाँव मोड़ेंगे नहीं।
कच्चा खा जाएँगे ज़िन्दा उसको छोड़ेंगे नहीं॥
कैसे हो सकता है होनी कह के हम टाला करें।
और ये दुश्मन बहू बेटी से मुँह काला करें॥
बोला कृष्णा से बहन सो जा मेरे अनुरोध से।
बच नहीं सकता है वो पापी मेरे प्रतिशोध से॥

पड़ गई इसकी भनक थी ठाकुरों के कान में।
वे इकट्ठे हो गए सरपंच की दालान में ॥
दृष्टि जिसकी है जमी भाले की लम्बी नोक पर।
देखिए सुखराजसिंह बोले हैं खैनी ठोंककर ॥
क्या कहें सरपंच भाई क्या ज़माना आ गया।
कल तलक जो पाँव के नीचे था रुतबा पा गया ॥
कहती है सरकार कि आपस में मिलजुल कर रहो।
सूअर के बच्चों को अब कोरी नहीं हरिजन कहो ॥
देखिए ना, ये जो कृष्णा है चमारों के यहाँ।
पड़ गई है सीप की मोती गँवारों के यहाँ ॥
जैसे बरसाती नदी अल्हड़ नशे में चूर है।
हाथ पुट्ठे पर न रखने देती है मगरूर है ॥
भेजता भी है नहीं ससुराल इसको हरखुआ।
फिर कोई बाँहों में इसको भींच ले तो क्या हुआ ॥
आज सरयू पार अपने श्याम से टकरा गई।
जाने अनजाने वो लज़्ज़त ज़िन्दगी की पा गई ॥
वो तो मंगल देखता था बात आगे बढ़ गई।
वरना वह मर्दूद इन बातों को कहने से रही ॥
जानते हैं आप मंगल एक ही मक्कार है।
हरखू उसकी शह पे थाना जाने को तैयार है ॥

कल सुबह गर्दन अगर नपती है बेटे बाप की।
गाँव की गलियों क्या इज़्ज़त रहेगी आपकी ॥
बात इस लहजे में थी कि ताव सबको आ गया।
जैसा स्वाभाविक है उठकर हाथ मूँछों पर गया ॥
वह क्षणिक आवेश जिसमें हर युवा तैमूर था।
हाँ मगर होनी को तो कुछ और ही मंज़ूर था ॥
रात जो आया न उस तूफान में अब ज़ोर था।
भोर होते ही वहाँ का दृश्य ही कुछ और था ॥
सिर पे टोपी बेंत की लाठी सँभाले हाथ में।
एक दर्जन थे सिपाही ठाकुरों के साथ में ॥
घेर कर बस्ती कहा हल्के के थानेदार ने।
जिसका मंगल नाम हो वह व्यक्ति आए सामने ॥
निकला मंगल झोंपड़ी का पल्ला थोड़ा खोलकर।
इक सिपाही ने तभी लाठी चलाई तोलकर ॥
गिर पड़ा तो बढ़के सिर पे बूट से ठोकर दिया।
बोल साले माल जो चोरी का था वो क्या किया ॥
कैसी चोरी माल कैसा जैसे उसने ये कहा।
एक लाठी फिर पड़ी और होश भी जाता रहा ॥
होश खोकर वह पड़ा था झोंपड़ी के द्वार पर।
ठाकुरों से फिर दरोगा ने कहा ललकार कर ॥

मेरा मुँह क्या देखते हो इसके मुँह पर थूक दो।
आग लाओ और इसकी झोंपड़ी को फूँक दो ॥
और फिर प्रतिशोध की आँधी वहाँ चलने लगी।
बेसहारा निर्बलों की झोंपड़ी जलने लगी ॥
दुधमुँहा बच्चा वो बूढ़ा जो वहाँ खेरे में था।
वह अभागा दीन हिंसक भीड़ के घेरे में था ॥
घर को जलता देखकर वे होश थे खोने लगे।
कुछ तो चुप बैठे रहे कुछ ज़ोर से रोने लगे ॥
कह दो इन कुत्ते के पिल्लों से कि घबड़ाएँ नहीं।
हुक्म जब तक मैं न दूँ कोई कहीं जाएँ नहीं ॥
यह दरोगा जी थे मुँह से शब्द झरते फूल से।
आ रहे थे ठेलते लोगों को अपने रूल से ॥
फिर दहाड़े इनको डंडों से सुधारा जाएगा।
ठाकुरों से जो भी टकराया वो मारा जाएगा ॥
इक सिपाही ने कहा साइकिल किधर को मोड़ दें।
होश में आया नहीं मंगल कहो तो छोड़ दें ॥
बोला थानेदार मुर्ग़े की तरह मत बाँग दो।
होश में आया नहीं तो लाठियों पर टाँग लो ॥
ये समझते हैं कि ठाकुर से उलझना खेल है।
ऐसे पाजी का ठिकाना घर नहीं है जेल है ॥

पूछते रहते हैं मुझसे लोग अक्सर ये सवाल।
कैसा है कहिए न सरयू पार की कृष्ना का हाल ॥
उनकी उत्सुकता को शहरी नग्नता के ज्वार को।
सड़ रहे जनतन्त्र के मक्कार पैरोकार को ॥
धर्म संस्कृति और नैतिकता के ठेकेदार को।
प्रान्त के मन्त्रीगणों को केन्द्र की सरकार को ॥
मैं निमन्त्रण दे रहा हूँ आएँ मेरे गाँव में।
तट पे नदियों के घनी अमराइयों की छाँव में ॥
गाँव जिसमें आज पांचाली उघारी जा रही।
या अहिंसा की जहाँ पर नथ उतारी जा रही ॥
हैं तरसते कितने ही मंगल लंगोटी के लिए।
बेचती है जिस्म कृष्ना आज रोटी के लिए ॥

नज़्म-3

गाँव का परिवेश

प्राकृतिक सौन्दर्य शब्दों की परिधि में टाँक दूँ।
प्रेयसी के सौम्य मुख की छवि ग़ज़ल में आँक दूँ॥
उष्ण चुम्बन की महक को काव्य में मैं घोल दूँ।
रूप हो जाए अनावृत वह दरीचा खोल दूँ॥
ले चलूँ मैं विरह कातर गोपियों के पर्व में।
या नई पीढ़ी के इस रोमांटिक सन्दर्भ में॥
शब्द दर्पण में उतारूँ मूर्तिवत श्रृंगार को।
व्यक्त कर दूँ भास कालीदास के संसार को॥
किन्तु मेरे गाँव का परिवेश ही अभिशप्त है।
आम जनता भुखमरी की धूप में सन्तप्त है॥
जो सबल हैं धर्म शासन तन्त्र उनके साथ है।
निर्धनों के पास पूँजी उसका अपना हाथ है॥
क्या किसी सद्ग्रन्थ में आया कि शोषण पाप है।
इसलिए कहता हूँ मज़हब ढोंग है अभिशाप है॥
हर युवक सपने सँजोता है यहाँ पर चाह से।
किन्तु क्या साकार कर पाता उसी उत्साह से॥

चाहता है वह कि अपना घर हो अपना गाँव हो।
प्रेमिका के मुक्त कुन्तल की घनेरी छाँव हो ॥
वह दिवस भर श्रम करे लौटे लिए तन की थकन।
हों बिछे स्वागत में देहली पर सजल भोले नयन ॥
हाय रे दुर्भाग्य सपने क्षार हो जाते यहाँ।
भुखमरी में फूल भी अंगार हो जाते यहाँ ॥
बिबसता जीवन चषक में घोल देती है गरल।
ध्वस्त हो जाता है पल में कल्पनाओं का महल ॥
डगमगाती नाव उसकी सृष्टि के तूफ़ान पर।
हो विफल वह दोष मढ़ता भाग्य पर भगवान पर ॥
आधी आबादी जहाँ पर भूख से बेहाल हो।
आम जनता त्रस्त हो विक्षुब्ध हो कंगाल हो ॥
वह भला नैतिक बने यह स्वप्न सम्भव बात है।
कैसे जुगनू से प्रकाशित हो अमा की रात है ॥
जो सफलता के शिखर पर यूँ यहाँ आरूढ़ हैं।
दृष्टि में उनकी जो निर्धन हैं घृणित हैं मूढ़ हैं ॥
हैं स्वयं श्रम से पृथक पर देखिए धनवान हैं।
स्वल्प संख्या में हैं पर छल छद्म से बलवान हैं ॥
खेलते हैं ये कली से फूल की मुस्कान से।
छीनते हक दूसरों का जातिगत अभिमान से ॥

निर्धनों में क्रान्ति का विस्फोट हो पाए नहीं।
आम लोगों में उजागर खोट हो पाए नहीं॥
गढ़ दिया दर्शन कि जो इस जन्म में बेहाल हैं।
भुखमरी की धूप में सन्तप्त हैं कंगाल हैं॥
वह जो संयम से रहे परलोक में सुख पाएँगे।
हो गए पथभ्रष्ट तो सीधे नरक में जाएँगे॥
व्याख्या ये भ्रम में रखने का अनोखा दाँव है।
नर्क से बदतर तो अपने देश का हर गाँव है॥
यह तुम्हारा धर्म यह जन्मान्तर की कल्पना।
भाग्य का षड्यन्त्र कल्पित देवता की अर्चना॥
आज पर्दा उठ रहा तम तोम से अज्ञान से।
वह तुम्हारा ईश भी सन्त्रस्त है विज्ञान से॥
इक नया युग बोध देती तल्ख़ियाँ अहसास की।
हर कदम पे टूटती है श्रृंखला विश्वास की॥
तट पे नदियों के घनी अमराइयों की छाँव में।
विश्व में चर्चा है भारत बस रहा है गाँव में॥
आइए इस तथ्य पर हम आत्म आलोचन करें।
क्यूँ न पहले गाँव की गलियों का अवलोकन करें॥
सामने ऊँचा महल जो सिर उठाये गर्व से।
है खड़ा ज्यों चाँद निकले यामिनी के गर्भ से॥

यह जो दरवाज़े पे बुड्ढा देव अर्चन कर रहा ।
घाघ है इस गाँव का छल से धनार्जन कर रहा ॥
ब्याज लेकर कर रहा शोषण समझ लो चोर है।
साधुता तो इक मुखौटा है ये आदमख़ोर है ॥
ये दिखावे के लिए हनुमान जी का भक्त है।
इसका ईश्वर खनकते सिक्कों में गोया व्यक्त है ॥
पढ़ रहा गीता प्रकट पर है ये अपने दाँव में।
कितने घर उजड़े हैं इसकी साधुता की छाँव में ॥
कृष्णा को बँधुआ बनाकर रख रहा है साथ में।
कितनी द्रोपदियों का लज्जावस्त्र इसके हाथ में ॥
कितने दुश्शासन है अपने गाँव के इस देश में।
भेड़िये हैं राज करते साधुओं के वेश में ॥
खून अपनों का बहा तब हमको आजादी मिली।
मज़हबी दंगे विरासत में वो बर्बादी मिली ॥
कोठियों से झोंपड़ी के बीच की ये दूरियाँ।
भुखमरी से जूझते इनसान की मजबूरियाँ ॥
क्या कोई चारा नहीं है हम ये खाई पाट दें।
व्यक्ति की पीड़ा समूहों में उठाकर बाँट दें ॥

□□□